KB237646

「文學과知性」詩人選 37

아름다운 사냥

박덕규 詩集

문학과지성 시인선 37
아름다운 사냥

초판 1쇄 발행 1984년 10월 30일
초판 4쇄 발행 1993년 3월 10일
재판 1쇄 발행 1995년 1월 25일
재판 2쇄 발행 2010년 12월 8일

지 은 이 박덕규
펴 낸 이 홍정선 김수영
펴 낸 곳 ㈜문학과지성사

등록번호 제10-918호(1993. 12. 16)
주   소 121-840 서울 마포구 서교동 395-2
전   화 02)338-7224
팩   스 02)323-4180(편집)   02)338-7221(영업)
전자우편 moonji@moonji.com
홈페이지 www.moonji.com

ISBN 89-320-0211-8

문학과지성 시인선 37

아름다운 사냥

박덕규

1995

自 序

1980년 이후 여러 동인지·무크지·문예지 등에 발표해온 100편 가까운 시 중, 내 의식 속에서 매끄럽게 용납되고 설명될 수 있는 것들을 중심으로 추려내어 거의 씌어진 순서대로, 거의 고치지 않고 엮었다. 꼭 이 3부로 나눌 만한 필연성은 약하지만,

Ⅰ. 한 편의 충격적인 아름다운 시를 완성해보려던 때,

Ⅱ. 충격적인 아름다움을 사회에 던져야 할 것 같다는 생각에 고심한 때,

Ⅲ. 보다 큰 흐름에서 인간을 발견해야 할 것 같다는 생각에 고심한 때
정도로 설명할 수 있다. 아마도 나의 노력은 앞으로 이 역사, 이 문화 위에서 인간이, 한 개인이 설 자리는 어디인가 하고 거듭 질문하고 확인하는 형태로 이어질 것이다.

1984년 여름

박　덕　규

아름다운 사냥

차 례

▨ 自 序

Ⅰ

하현달/11

데탕트 ' 80/12

비 오는 날/14

낙하산/17

새벽 강도/20

금강 휴게소/23

꽃밭에서/24

공 주/26

비둘기와 손/28

아름다운 사냥/30

탐 정/32

물과 함께/34

수학여행/36

사 과/37

금/38

고궁을 거닐다가 작은 돌을 걷어찬다/40

순정은 물결처럼/42

그 사랑은 물보다 진하더라/44

완곡한 칼날/46

II

공/49

멀리 더 멀리/52

탄력성/54

애인을 배낭 속에 넣고/56

나　무/58

패싸움/60

새들아 수색 가자/61

안개가 자욱했다/62

몽롱한 청춘/64

바캉스/66

대각선을 완성하기 위하여/68

사　이/71

검은 공/72

튐에 대하여/74

III

기러기 남매/77

밥의 나날/78

미　궁/80

불러도/84

이웃 황태자 부처가 우리 마을에/86

빈 곳을 채우기 위하여/88

잘 먹고 잘살기 위하여/90

누가 이 사람을 알지 못하시나요/92

홍콩에서 온 여와 남/93

그리운 풍경/96

햇빛의 나날/98

깊은 산 아버지/100

지렁이떼/102

수색에 지다 · 전편/104

수색에 지다 · 후편/106

▨ 해설 · 진실에 이르는 길 · 최동호/108

I

하현달

너는 참 이상한 꽃이야.

잠결에 어린 누이가 뜰에 내린 어둠을 쓸고 있다. 발목에 이는 덜 깬 바람이 흐느적거리며 다시 어둠의 일부가 된다. 치마폭에 갇혀서 나의 누이는 밤마다 꽃밭을 가꾸자고 한다. 물안개를 뿜으면 꽃들은 조개처럼 입을 오므린다. 뜰에 가득히 꽃잠을 자다가 나비잠을 자다가 간밤엔 초경으로 가슴 팔딱이던, 오오라

네가
지상에 처음인 그
입술 작은 꽃이로구나.

데탕트 ' 80

내 살던 동네로 돌아가 새 집을 짓는다.

벽돌집이 허물리고 주민들은 벽돌을 지고
좀더 견고한 성으로 걸어 들어갔다. 나쁜
짓 하면 너도 가두어버릴 것이다. 나는
의처증. 아내가 국부를 가리고 바들거렸다.
엎드려라, 이년아. 나는 채찍을 들고 달려갔다.
어어 아내는 말문이 막힌다. 불문과에
다니던 아내는 불란서 영화를 좋아하지 않는다.
파리 몇 마리를 잡고 승리의 문으로 돌아갔다.
그곳으로 날아온 비둘기를 불러 가두었고 아내는
새장 밖에 서서 노래를 흘려보냈다. 꼭꼭
새가 노래를 쪼았다. 아내는 제이외국어를
찾아다녔다. 연탄 조각으로 전쟁놀이를 하면서 나는
주변을 점령해나갔다. 주민들은 끊임없이 밧줄을
던진다. 탐조등이 깜빡이고 담 밑으로 무수한
탄피가 떨어졌다. 쓰러지는 이국어. 수갑에
채여서 많은 나라가 오고 갔다. 한 나라의
껍데기를 주우며 나는 지도를 만들었다. 아내의
얼굴에 유전을 가꾸고 불씨를 퍼뜨린다. 무조건

화상을 입고 아내는 비음으로 매달렸다. 나를
데려가줘요. 엎드려라, 이년아. 나는 채찍을
휘둘렀다.

아내는 독방에 수감되었다.

비 오는 날

1

문자도 없는 나라에 날아든 한 장의 편지가 우리를
우습게 한다.
그런데 나는 조금도 웃고 싶지가 않다.
푸른 우체통의 거리로 나서고 싶다.

그때 모든 벽은 깨어지고,
만나는 사람마다 나를 붙들고 부들부들 떨었다.
솜털처럼 나는 일어선다.

창을 열면 농염한 바다가 범람한다. 우리들의 뻘밭.
씨알 같은 생각들이 부서져 이미 나는 하나둘이 아니다.

어떤 색깔이 와서 내 하늘을 잠재우려 한다.

2

내 우산을 가져가지 마시오 식구마다
제 식기에 알맞는 밥을 담아 먹었으므로 조금씩 우산

크기로
　자라나 마침내 스타카토로 이어지는 네 몸짓을 숨어
보았지만
　어느 지도에도 없는 낱말 소리 나는 대로
　적어보아라 적어보아라 몇 개의
　동전들이 서로 충돌하면서 빛들은 발등까지 내려왔다.
　순간적으로 주저앉았고 내 발을 어디다 두고
　걸을까 언제부터 뿔뿔이 헤어진 식구들 다시
　만날 것 같지 않다 식구마다

　신장이 달라져 있었으므로 허리 아픈 나는
　굽 낮은 장화를 신고 기우뚱거리며 난쟁이 나라의 내
　아우는 두건을 두르고 소리치며 비듬이 많은
　조상들과 그 혼들 모두 다른
　신발을 가지고 있었으므로 첨벙첨벙
　소리나는 대로 걸어가는 대로
　물은 흘러갔고 30여 년 전 우산을 훔쳐갔던 이웃 아
이는
　대나무 장대만 높이 들고 흠뻑
　젖어 돌아왔다

3

재채기를 할 적마다 하늘은 깜빡이고 저쪽 하늘은
무슨 색. 오래도록 경작해온 들에 나가보았으나
저 풀은 무슨 빛일까. 잡초처럼 끈질기게 공중에 달
라붙는 저
깃발은. 언제나 한번은 빛깔이 되고 싶었다. 솜털처럼
부은 얼굴. 닦고 나면 그 얼굴 그 얼굴인데 왜
밤낮없이 찢기는 얼굴들이냐.

낙하산

1

몇 포기 잡풀 붙잡고 그림같이
공중에 매달려 있었지만
단 한 줄의 깜장 크레용으로 나는
지워지고, 그리고 다시 나타나 보일 때까지
박쥐처럼 숨어 지내기만 하였다.

한걸음씩 봄밤은 짙어오고 있었다.
사방에서 꽃이 피고
번져갔다. 4월과 5월의
잠자는 병동 쪽으로
혈압이 급격히 기울어졌다.

2

저지대에 살면서 불어낸 풍선,
바람 앞에 나서면 하늘로 치솟아가던
우리의 횡경막은 얼마나 부풀까.
만유인력과 낙하 운동을 배우던 시절

측정할 수 없는 한계 밖의 공간에서부터
초가 지붕 위로 아파트 옥상 위로
떨어뜨려진 돌멩이같이
가장 자유로운 곳이라던 무중력에서도
뻥 뻥 뻥
풍선에 구멍이 뚫려서
단 한 줄의 깜장 크레용으로 나는 지워지고
다시 하늘 끝을
어떤 색깔로 그려놓을까.

우리의 꿈은
늘상 시계 밖으로 밀려나 있다가
어느 밤 낮은 체위로 누워 상상하면
절망인 채로
뉴턴의 사과 열매만 자꾸 떨어졌다.

3

꽃들은 거꾸로 매달려서
시나브로 시나브로

시들어갔다, 꽃들의 향기만 남기고.
마침내 그들의 향기마저 시들었을 때
나는 차라리
인력 이전의 곳으로 내리고 싶다.

새벽 강도

1

각설탕을 먹으며 조카는 잠들었다.
조카의 입은 자꾸자꾸
침식되어갔다. 리아스식 해안처럼 굴곡이 심한
조카의 잠.

조카가 몸을 뒤척인다.
꿈이 어수선하다.

2

나는 그날 세 번 죽었다.
탕. 탕 탕
조카가 총을 세 번 쏘았으므로
나는 다시 움직이지 못한다.
눈뜨지 못한다.

우리가 눈뜨지 못하는 시간 동안
안개가 엄습해왔다.

안개는 알지 못할 힘으로
우리의 몸을 휘감고 있다.

강변 지대는 언제나 낮게 엎드려 있었다.
우리가 사는 곳의 언덕
낮과 밤들은 발에 밟혀나가고
막상 쓰러지는 것은
우리의 몸이었다.
골목골목 숨어 있는 손
노끈처럼 목을 죄면서
우리의 하루를 노획해갔다.
지쳐 모퉁이를 돌아가면 안개.

조카는 강의 폐수를 담아와
총을 쏘았다.
어둠 속의 한 시간이
일렁거린나.

3

젖은 얼굴 위로
꿈이 겹쳐 내린다.
자막처럼 선명하면서도
새로이 기억해내지 못하는 꿈.
단지 밤마다 나는
죽음을 당하고 새벽이면
빈 가슴으로 버려진다.

조카의 입 안이 안개 속에서
자꾸만 침식되어가고 있다.

금강 휴게소

남는 자리에 너는 남았군. 버리는 자는 버리고 가고
이제 내린 자는 기지개를 켠다. 변함없는 내 근육.
폭포수가 쏟아지는군. 졸면서 온 몇 시간의 거리.
창밖은 간유리색. 전자시계는 어둠 속에서 깜빡.
트렁크 하나로 방학은 시작되고 추적의 나날들은
저기 먼저 와 핫도그를 들고 떨며 앉았다. 국수를
먹다가 노랑무를 먹다가 바라보면 사방 유리벽.
폭포수가 얼어붙고 있군. 쉬어가는 역사라고? 푸푸푸
미각이 가라앉으면 굳어가는 한 실체를 만지작거리며
잠에 빠지고 싶었어. 그건 또 기다림일 뿐이라고
곧은 먼지를 일으키듯 교수님은 칠판을 탁탁 치고.
점원들은 그릇을 걷어간다. 남는 것은 이 빈 막대기
누군가 버리고 간 곳. 남는 자리에 너는 남았군.
신문을 몰아쥐고 나보다 먼저 떠나는 시간. 굳어, 긴
방학이 끝날 때씨. 교수님은 때때로 걸음을 멈춘다.
이제 어둠이 올 데지만 남는 자리에 그는 있었고 나는
몸 속으로 근육을 집어넣고. 그리고 역시 네가 남았군.

꽃밭에서

그리움을 심는다 글라디올러스 나는
연록빛 잎새마다 푸르고 푸르리라
저녁은 빛 방향 끝에 줄 서 있고
아버지 새끼줄 따라 다리를 곧게 펴는데
자매들은 돌아올까 풀밭 위의 식사 때는
자매들 속치마 펄럭이며
달려올까 식탁에 꽃씨 하나의 그리움 그리움
나의 정방형에 이토록 옹기종기
모여들 있지만

심으면 자라야지 떠나면 한아름
돌아와야지 아버지 곧은 뿌리마다
그리움은 맺혀 있다 감자꽃 무꽃
사계가 지나면 그만큼 단단한 땅
피지 않을 그 꽃들은 피지 않는다.
오지 마라 자매들

글라디올러스 찢어진 종이꽃
아버지는 새끼줄 입에 물고 걸었다
나는 삽과 곡괭이

도대체 이 토양에 맞는 꽃은 무얼까
빛 방향 끝에서 어둠이 슬슬
먼 이웃 나라 모종 떠난 자매들
알몸의 종아리꽃 피었네
피었다 정방형 꽃밭은 이토록 옹기종기
그리움만 피었다 그것도 이제는
그리움이 아닌 꽃 아버지 철책선 몸 감은
새끼줄 마디마디 맺혀 있는 꽃

공 주

형수는 왜 사과를 얼려서 먹을까
조카들의 머리맡에 그림 동화를 펼쳐놓고
독 묻은 사과를 먹을까 거울도 잠든 고요한 밤
연탄 구멍을 힘들여 맞추고 얼굴이 그을러 돌아왔을까
이 시간 기다리는 것은 취한 형이 아닐 테지
유리창은 두터운 커튼색
어둠이 둘러쳐져 있고
돌아누워도 꿈은 마음대로 꾸어지지 않는군
그럼 한때의 불문과 여대생 형수
문리대의 여왕 형수는
녹색 왕관을 훔쳐 흔들며 숲속을 건너갔을까
왔을까 희귀한 외국어 동화책이
원본으로 이곳에 남아 있을까
학생들은 이편에서 저편까지 미끄러져가고
도서관 복도마다 거울은 쓸쓸히 잠들었군
그날 이후
겨울이 올 때는 언 사과를 먹으며
백년 동안 잠자는 나라의 공주를 생각할까
그림 속 난쟁이들은 일찍일찍 죽고
빈 동화집을 지키는 형수

자색 베개를 가슴 밑에 낄면 빙은 조금씩 더워오는데
이빨은 왜 이리 덜덜 떨리고 사방은 차디찬 얼음일까
기다리는 이는 예쁜 형일까
불 갈아넣는 새 아침인가

비둘기와 손

부질없는 짓이다.
새를 내 손안에 가두어두는 일.
마치 기도하는 것처럼 두 손을 모으고
새의 안녕을 비는 일.

그러나 새는 떠나가지.
안녕, 하고 손을 흔들면서
창공 가득 날아오르지.

새는 날아도 그 천상의
영역이 있다.
바람의 저항을 지나면 지날수록
아름다운 비상의 행로를 버리게 된다.
새의 가슴이 눈비에 젖어
만리 밖에서 겨울을 맞는다.
어쩌면 구원은 여기에 있을까.
새는 빈 뼈 마디마디
고심에 찬다.

부질없는 짓이다.

아득히 끝없이 날아오른다는 것.
마치 영원으로 가는 것처럼 너울너울
그 하염없는 일.

때때로 새는
내 손안에 감추어지기를 희망하였다.
내 손안 따뜻한 주말 오후에 깃을 내리고
공원 곳곳의 피는 봄을 보아라.

내 손 가득 평화 위에 새를 세우고
새와 나의 안녕을 노래부를 때
비로소 새는 자유처럼 떠난다.

나는 언제나 새를 부르고
안녕, 하고 손을 흔들며 영원으로
새는 떠나고 이제 손안에
아득히 끝없이 날아서 온다.

아름다운 사냥

왜가리는 왜가리
그가 선 채로 나를 겨냥했을 때
나는 한 마리 왜가리 하늘은 푸른 하늘
일순의 번갯불에 멎고 싶었다

그러나 돌을 줍고 던지지 않고
다시 등에 총을 꽂고 벌판 끝
나는 그의 머리 위를 배회하였다
하늘과 벌판이 맞닿는 곳에 가 쉬면서
그의 뜨거우나 숨죽인 발자국 소리를
기다려야 했다 왜가리

그가 선 채로 나를 겨냥했을 때
나는 그의 영역에 떠도는 과녁
정맥 뛰는 정수리에도 나는
그를 기다렸다 못박히고 싶어
호흡을 멈추고 한 마리

그는 돌을 줍고 던지지 않고
담배를 문다 그 매연의 바위와 숲과 자연

그가 찾는 황금의 새가 되기 위하여
나는 자연 속에 있지만
오오 아픈 날개여 팔
한때는 현란한 눈부시던 먹장구름
이젠 땅으로 내리는 길도 막힌 것 같아
구름과 구름이 맞닿는 그곳으로

가없는 왜가리 구름을 뚫고 와
누군가 다시 한번 나를 겨냥한다면
멎으리 뛰는 정맥 정수리까지
오직 그대 사랑 못박히고 싶다

탐 정

어둠 속에 빛이 있다 원형의 탁자 위에
트럼프장이 흩어져 있다 화병이 엎질러져 있고
물은 조금씩 바닥으로 흘러내린다
카펫이 젖는다 시든 꽃은 시든 꽃
팽개쳐지고 흔들의자는 아직도 흔들리고 있다
누군가 지나간 흔적이 있다
유리 깨진 벽시계 시침과 분침을
분간할 수 없다 그렇다면

그의 범행은 어둠 속의 일이다
빛 이전의 사물 하나에 손댄 그는
왼손잡이다 트럼프는 그의 운세이며 오락 그의 하트
깨어지지 않고 누운 화병은 그의 안일이며
벽시계를 깨뜨린 그는 키가 크다

그렇다면 이제
거실을 지배하는 것은 무엇일까
어둠인가 빛인가 어쩌면 그도
움직이는 하나의 사물이었을까
그가 앉은 흔들의자 그의 지문 패랭이꽃

벽을 오른 그의 손자국 시간을 멎게 한 그는
교묘하게 어둠과 빛을 배열해놓고
가버렸다

원형의 탁자
어둠 속에 빛이 있다
시든 꽃은 시든 꽃 팽개쳐지고
카펫이 젖는다 알 수 없는
일이다 그의 불현듯한 내면적 충동
한 순간 사물의 위치를 바꾸고 싶었을까
그가 앉은 흔들의자 흔들리고 있다
트럼프는 그의 운세이며 오락 그의 하트
얼마간의 휴식 끝에 그는 사라졌다
그렇다면 이제 거실을 지배하는 것은 무엇일까
어둠인가 빛인가 어쩌면 그도
변동하는 하나의 사물이었을까
그렇다면 이제 그가 머문 곳은 어디일까
원형의 탁자 어둠 속에 빛이 있다 어둠 속의 빛

물과 함께

나무들은 자란다 비탈에서도
물구나무서서도 물오른 포플러는 푸르고 푸르리라
물과 바람을 사랑한 나무가
물 속으로 그의 짙은 음영을 떨어뜨린다

물은 흔들린다 잔잔하게 파문지면서
더 멀리 나아간다
물 속에는 알지 못할 바람이 있는 것일까
물은 낮 동안 떨어진 햇빛을 반짝이게 하고
저 물 다음의 빛나는 물의 계단
올라가 둑의 밑동을 흔들고
나무들의 흰 뿌리를 흔들고

흔들리지 않으리
흔들리지 않으리란 나무가
물들의 작은 힘이 어떻게 모이는가
노래하던 나무가 갑자기 침묵하여
초조하게 물의 소용돌이를 지켜보아야 하는가

강을 건너지 못한 사람들은 발을 동동 걸고

내가 이제 물이고 싶다 사방으로 내 몸을
퍼뜨리고 싶다 팔다리 머리칼들 물의 음영 속으로
물의 말없는 그늘을 사랑했던 연인들이 다투어 첨벙
첨벙 몸을 던지듯
물과 살아온 나무가 있었나니
흘러 돌아오지 않는 물과 함께

나무들은 자란다 수양버들 낙락장송 휘날려보내고
퍼뜨려 잔잔하게 파문지면서
더 멀리 나아간다

수학여행

사립 대학교 국문과 아이들 코펠과
버너를 들고 산으로 쌀과 지도책을 들고
산으로 어째서 반달곰이 지금까지 남아 있었을까
아직도 바다에는 젊은 부인을 좋아하는 식인 상어가
있을까 유적지엔 관광객과 휴지통이 너무 많고 도로는
확장되지 않았는데 어째서 여승들은 목탁을
두들길까 대리석 건물은 종일토록 웅장하다 본관
가는 길 금싸라기 같은 분수물이 떨어지고 봄에는
봄꽃과 진달래가 피는 길 승용차와 군중이
오고 갔다 그만 휴학이나 할까 교수님은 어깨를
분필로 누르고 사립 대학교 사학과 아이들
노래를 부른다 밤새 동상은 달빛에 젖었다 몇 명의
복학생은 일찍 잠이 들고 문리대의 여왕은 집으로
돌아갔다 종이 울었다 아이들은 목이 다
쉬었다 산중턱으로 초록별이 지고 눈꺼풀과
땀방울이 내려앉는다 양철문을 열고 산으로
다시 행군은 시작되었다

사　과

아내는 사과만 보면 굴리고 싶어지는 모양
아내는 사과만 보면
그처럼 퉁퉁 구르고 싶은 모양

이제 아내는 사과 속으로 굴러들어간다
이제 아내는 사과 속으로 빨려들어간다

흉작 때는 과수원집 안뜰에 서서
두 주먹과 작은 젖가슴으로 사과알을 만들어보이던
나무가
머리칼 푸른 잎사귀처럼 웃고 흔들리던 아이가

풍작에는 잇몸 붓도록 사과를 먹고
시린 이빨을 딱딱이던 아내가

어제 선물 들어온 몇 개의 사과들 굴려놓고 깔깔거리며
사과처럼 둥글게 몸을 오므린 채로
카펫 위를 굴러다니고

멈추기 싫어하는 탄력공처럼
아내는 사과만 보면
자꾸 퉁퉁퉁 튀고 싶은 모양

금

지구 끝에 가면 금이 있다고 너는 말했지
안개와 풍랑 지나면 지날수록 넘실대오는 금빛

너는 말했지 네 푸르른 칼 하나가 가리키는 한 방향
거대한 황금종의 울림이 그 섬에 있으리라고

자꾸 갔지 어둠과
망망한 얼음장이 발을 묶어도
때때로 배를 버리고 노만 저어

저어 갔지 그런데
멀어지는 초록산은 이상해
우리 알몸의 처녀들을 원한 바다의 입놀림은
무얼까 그대 연금술은 정말 몰라

너는 신이 보낸 예언자처럼
끝을 보고 돌아오는 새의 말을 전해듣고
죽음의 제단에 내 아내와 큰딸을 바치게 하고

저 암초를 비켜가면 번쩍이는 대지

기다림이 없는 자는 파멸하리라고
믿음이 약한 자를 칼로 내리치고

안개와 풍랑 지날수록 캄캄 바다
그 속에 우리의 금이 있다고 너의 흰 이빨
말하고 웃곤 하였지

고궁을 거닐다가 작은 돌을 걷어찬다

고궁을 거닐다가 작은 돌을 걷어찬다
고궁을 거닐다가 애인의 손을 잡고 그늘을 찾는다
애인의 머리카락이 서풍에 쓸려간다
나무들의 그림자가 연못을 흔든다
꼬마들이 계단을 뛰어 올라간다
잘 복원된 석탑 앞을 지나며 애인은 내 팔에 매달렸다

아이들은 어제 하루도 참 많은 질문을 던졌다
칠판을 탁탁 치면 소란하던 아이들이 국사책 껍질 속
에 얼굴을 묻곤 했다
대왕들의 동상이 봉오리지는 여중 아이들의 가슴속에
서 우뚝우뚝 솟아났다
나는 때때로 분필을 부러뜨리곤 했다
나는 그늘 속에 앉는다 애인의 눈을 들여다본다
애인은 열일곱 살 사복을 입고
크고 작은 나뭇잎 사이로 황혼에 물들어가는 석탑 쪽
을 보고 있다

일본인 관광객들이 안내원을 따라 몰려나간다
우리네 임금님과 그 혼들 뿌려진 고궁에서

니는 애인을 항하여 분필 냄새 나는 손을 뻗는다
어떤 꼬마들이 그 그늘을 엿본다
내가 소리지를 때 아이들은 언제나 더 이상은 질문하
지 않는다

또 분필을 던지고 싶어진다 어딜 봐
쓰인 대로야 긍지에 찬 아이들에게 책을 맡겨두고
나는 일요일에 애인과 함께 고궁의 그늘을 찾는다
애인의 머리카락이 서풍에 쓸려온다 또한
그 옛날 어둠 내리던 고궁의 웅장한 뜨락에 대해서도
열일곱 살 애인에게 설명할 일은 별로 없다

순정은 물결처럼

내 어린 애인, 한 획 한자도 모르고서
장신 아저씨께, 아저씨 그 동안 안녕?
나는 수입 고추처럼 두근거리다가
큰 키 머리 받지 않게 조심하시고, 건강히 잘……
눈물이 왈칵 쏟아진다

우리 교실
저 허무주의에 불타는 여대생
일찍이 실리주의에 눈뜬 복학생들 뒤로
당구 잘 치고 공부 잘 치는 나는 때로는 과격한 아이
교수와 의견 충돌, 유리창과 시선 충돌,
진달래가 다 지고 라일락이 필 때는
한숨도 나고

내 친구 두 손 멱살잡혀 나올 때
그의 애인은 밤차로 상경하였고
내 별 위로의 말 할 줄 몰라도
술만 마시면 이 나라 이 겨레 침통할 줄 알았고
전봇대를 붙들고 서서 우는 뺨

달빛이 참아보라고 어깨를 툭툭 치고
별빛 기다리라고 어깨 꾹꾹 누르고
아, 어디론가 멀리멀리 흐르고 싶었어

깨고 나면
기다리는 일은 이루어졌고 아슬아슬
졸업식날은 다가오고 있었지만 언제부터
왜인지 애인의 편지가 통 안 오는 세월 세월
참 영원한 눈물 나라
순정파 이 가슴은

기다림에 지칠 줄도 몰랐었다
내 키는 잘 자라 그림자 되고

사랑은 미움두 안 되어버렸더라

그 사랑은 물보다 진하더라

우리 선배 왜 저럴까 애인 잃고 한잔
눈물 흘리실까 냉혹하던 저 선배

역사와 민중을 역설하고
내 시에 충격과 비트를
한의 극복법을 던져준 시인
유서 깊은 반골 정신도

이젠 다 통속적이다 여자 하나 못 휘어잡고
보다 큰일을 말하려 들었다니
추억도 물이 되어 흐를까 하고, 흥

우리도 물같이 흐르는 것이라고 체념처럼
바람 분다고 못 살겠다고 바람
안 분다 죽여다오 술상을 엎어
버릴까 물 같은 선배

(사실은 저 선배 애인 나도 알고 있지만
그녀 뱃가죽 수술 자국까지
잘 알고 있지만)

오늘밤엔 노랫가락도 질질 끌리고
위장에도 두뇌에도 꼭 막힌 애인
그 사랑 병이 깊어 영 안 지워지고
뿌려도 던져도 한없는 눈물

(사실은 잠버릇까지
우리 모두 작부처럼 기억하는 여자……

언제라도 돌아보면
누워 흐르는

지난밤 애인)

완곡한 칼날

오빠, 골 아픈 얘길랑은 그만둬요
엄숙한 교수 부인은 정말 싫어요
주말이면 달려오는 더벅머리 오빠
다방에서 강가에서 침묵주의 오빠

세상 어긋남이 모두 당신 탓이고
술과 노래로 흐르지 않는 일 있다면
나는 그 하나도 나눠 가질 수 없고
오빠 오빠, 이제 쓸쓸한
가을은 멀리서 짙어오는데
열일곱 살 내 꿈은 시가 아니고

당신 가슴
젖무덤 그득한 고향산이 아니어요

II

공

1

한 번 튀어오름으로 이루어지는 일이 없다

단 한 번 터진 사랑이 그대 가슴에 닿기 전에 되돌아
온다

나는 이제 더 이상의 진화를 꿈꿀 모양이 아니다 어
디로든

구르는 대로 굴러갈 뿐이다 여자

농구 선수의 탄력 젖통조차도 관심 밖이다

내부로 다져지는 탱탱한 공기 힘만으로 나는 있다

팔딱이는 염통 하나 간직한 듯 살리라 그럴 때

2

나는 튈 수 있다 깊고 깊은

폐활량을 자랑하며 내 혈관의 이리저리로 벽과 막을
뚫고 마구 달려

치솟을 수 있다 때로 눈알로 안경알을 깨게 하고 창
자로

갈비뼈를 휘감게 하고 숨막히고도 좌충우돌

모든 변동 세계가 내

안에 나는 뛰리라 저 광활한 어둠 속에 나는 잠들었고
저 탄탄한 마룻바닥에 남녀 선수들이 어우러져 놀았고
함성 소리에 놀라 무너지는 큰 기둥 4월과

5월 사이에 푸른 길이 달려나가고 숲을 관통하는 물
줄기가
계단 위로 퉁퉁 낙엽의 제국이 떠오르기도 그때
나는 깔려죽었으며 탁탁 불타
죽거나 탁탁 나는 또 살아 남는다
튀거나……

3

튀거나 누군가가 나를 퉁기며 산을 올라간다
나를 몰고 산을 물을 간다 몇 번의 반복 행위로 도달
되는
오르가슴 이제 이 땅 최후의 공일지라도
내 파열하듯 그 기막힌 혼돈 속을 질주할 뿐이리 아아

단 한 번 튀어오름으로 이루어지는 일이 없다 터진
사랑은 되돌아온다 공기 입자들은 내 속에서
서로 죽이고 모의하여도 나는 도약과
비상을 꿈꾸는 알이

4

아니다 그럴 때

나는 튈 수 있다 폐활량 자랑하며
도리도리 내가 아닐 수 있다 충동과 충돌의 나날 끝에
마침내 온 세상이 푸르게 불타오르는 날
뜨거움에 몸을 떠는 공기들이 사방 벽에 몸을 부딪치
며 울고

그때 나는 또 닿지 못할 한 지점을 향하여
힘차게 뛰어
　　　　내
　　　　　릴
　　　　　　수 있다

멀리 더 멀리

내가 너를 향해 다가갈 때
바람은 나를 계단으로 밀어뜨렸지 처음에 나는
일방적으로 굴러내리다 어느새 잘 자란 살쾡이처럼
민첩하게 몸 가누게 되었다 정말 어지럽던 나날을 보
내고
두개골 파열된 그곳이 아물어 한 벽에 부딪혀 퉁겨져
오르는
나는 탄력 좋은 고무공(나의 조상은 새가 되지 못한 꿈)
거슬러 계단을 뛰어올라 다시 너의 등에 이르노니

바람은 나를 멀리 밀어내었지 이번에도
상처뿐인 몸을 견뎌 회전 낙법과 충격 이완법을 익히고
탄력살 좋은 딸아이, 말괄량이 재잘대는 던져진 여자
바람은 나를 극으로 몰았지만(내 조상은 식용 개구
리) 튀었다 다시
돌아와 있었지 나는 흔쾌히 돌아오고 돌아와

너의 등을 마주한다 무너져도 좋아요 튼튼한 등 하나가
내게 부서져내리기를, 그때 너는 성난 얼굴로 돌아서
며 새 바람 일으켜 나를 벼랑으로

바람은 미친 듯이 채찍 휘둘러
극이 없는 데까지 나를 나를 아아, 멀리 더욱

더 멀리
절정이 없는 그곳 어두운 모든 겨울날 지나고
이제는 까마득히 사라지며……

탄력성

내게 작은 공이 하나 있다
아침에 그 공을 버릇처럼 퉁긴다 공은
내 손과 방바닥 사이를 규모 있게 왕복한다
내가 그 동작을 멈추고 출근하게 될 때에도 공은
여전히 내 손바닥이 있던 높이까지 튀어오르곤 한다
그 모습을 떠올리며 나는 하루를 보낸다

공은 마치 바위 속을 유영했던 물고기 같은 느낌이
든다
하루종일 공은 내 몸 안을 굴러다니다가 한 순간 툭
하고 퉁겨져나와
분주한 거리로 몸 던지기도 한다 그러면
저 움직이는 것들이 모두 공의 튐처럼 보인다
울렁이는 차체나 계단을 오르내리는 발걸음들이 모두
흔들리는 깃발들이 깃발을 흔드는 바람들이 모두

내 근육도 그렇게 튀어오르게 된다 죔나사 풀림나사
처럼
나의 세포들은 분열하고 분열된 것들은 각각 제 몸을
공처럼

오므린다 또 분열한다 이제 비로소 튀지 않는 모든
것은
  죽은 것이다 교정지를 들고 출판사와 인쇄소 사이를
오고 가는 발걸음 앞에
  무수한 활자들은 튀어나온다 눈앞에 톡톡 나보다 앞서
  뛰어간다 선전 포스터의 여모델들도 깔깔
  그들이 손에 쥔 청량음료 껌 깡통 밀감들도
  마냥 벽에만 박혀 있어서는 안 되겠다는 듯이 모두
모두

  저녁에 공은 튄다 밤에도
  그 공은 잠을 위한 자장가인 양 귓가에서 통통통
  꿈속을 배회하고 새끼 고래 숨결처럼 공은 아직도 내
몸 안
  방바닥 손바닥 사이를 왕복하고 있다

애인을 배낭 속에 넣고

애인을 배낭 속에 넣고 아침이면
학교로 간다 멀리 강물을 내다보면 덜컹대는 전철 속
에서도
행복하다 강의실 창가에 앉아 내가 졸고 있는 동안
애인은 배낭 속을 빠져나와 의자와 의자 사이를 교단
위를 교수님의
콧잔등 위를 뛰어다닌다 아무도 그녀가
보이지 않는 모양이다 휴식 시간에 애인은 잔디밭에
나가
잔디를 뜯어먹으며 놀고 있다 채송화도 봉숭아도
한창이다 나는 자꾸 행복스러워진다 애인을
배낭 속에 넣고

방과 후에 술집에 모인다
피 같은 파전을 흘린다고 친구들은 울분에 차기도 하
지만
내가 버리는 술과 찌꺼기는 배낭 속의 애인이 받아먹
는다 어허
취한다 애인이 탄성을 지른다 야
조용히해 나는 발끝으로 애인의 젖꼭지를 찾아 누르

며 속삭인다
  울분 아이들은 민족의 앞날을 염려하며 노래를 부르
거나 민중과
  지성을 꾹꾹 눌러 담아 마시거나
  분노의 포도알이 되어 거리로 나선다

  튀어나간다 애인을 배낭 속에 넣고 나는
  불온 서적과 외설 잡지는 보고 싶지 않다 보고 싶다
  복역한 친구와 갈 수 없는 나라에는 안 가고 싶다 먹
고 싶다
  켄터키 치킨과 빛나는 사과알은 안 영글 것이다 어어
  취한다 골목길은 큰길로 통하기도 하고 어두울수록
별빛 더욱 진리처럼
  내리깔린다 밤에 초롱초롱 애인은 내 품에 온다 내
  성감대 가득히 행복은 넘쳐흘러 방안은 홍건한 홍수
에 젖고
  한밤내 애인과 나 물풀처럼 흐느적거리다가
  어느 순간의 소용돌이 비몽사몽간으로 빨려들어간다

나　무

1

나무들 그림자의 목을 잘라라
낙하하는 나뭇잎을 저격하라

적외선 자외선을 혼돈시키라
엽록소 숨구멍을 틀어막고
공기 작용을 저해하라 뿌리 근처를 맴도는
전류 같은 물줄기를 변동시키라

나무를 둥둥 떠다니게 하라
뿌리째 나무를

끝없는 진공 상태를
비상케 하라

2

나무들이 지구 밖으로 날아간다
나무들이 우주 밖으로 날아간다

나무들은 돌아오지 않는다

나무는 없다

패싸움

아우야, 이제 그만.
돌을 던지지 마. 누이야, 이제 그만.
그 많은 돌들을 어떻게 날라서 오니, 찢어진 치마폭.

아우야, 이제 그만.
똑똑한 체 마라. 누워서
침 뱉지 마라. 자학도 마라.
사랑에 의한 매질도 중지하라. 마라,

마라. 철철 넘쳐흐르던 아버지 이마의 피
조용히 멎는다, 숨결도 멎는다. 마라.
뚫린 지붕으로 잘 보이던 하늘이 오늘밤
우리들 이불 위로 내려앉는다. 안방과

건넌방이 맞붙는다. 장독대와
채송화가 헝클어진다. 개들이 돼지가 떠내려간다.
아우야, 허물지 마. 우리는 뿔뿔이, 날아가는 빨래들.
다시
못 보리, 누이야 새야.

새들아 수색 가자

비가 온다, 얘득아 장마가 진다.
처마가 없는 집. 이제 떠나야 한다.
우산이 없는 애인. 버려야 한다, 가자.

질척해서 허공중에 마구 미끄러지고,
우리의 발등이 무거워지기 전에
때때로 전깃줄에 목맨 누이를 버리고,
푸른 지붕 검은 철길을 지나서.

저 밭두렁에 잠잘 수 있을까, 눈알 꼭 뜨고
아침마다 부신 햇살에 깃을 비빌 곳. 가자,
처마가 든든한 보금자리.

젖은 내장이 뒤처지기 전에.
헌 빨래처럼 우리의 몸 헤어지기 전에.
비가 온다, 가자. 다 찢어진다.

안개가 자욱했다

안개가 자욱했다
안개는 종일토록 풀리지 않았다
우리는 어림짐작으로 발을 내디뎌야 했다 마치
앞길 군데군데 뾰족돌들이 지뢰처럼 깔려 있기라도
한 듯이
우리는 정말 조심하지 않으면 안 되었다.

안개가 짙어갔다 안개
하고 너는 짧게 뇌까렸다 돌아보았을 때 너는
네 목소리의 끝 안개 속으로 자취를 감추었다 안개는
내 옷을 축축하게 했다 자동차 불빛들이 희미하게
교차하는 듯했다 나는 애써 귀를 기울였지만 안개가

안개가 자욱했다 이제 나는 혼자
발을 내디뎌야 했다 죽기 아니면 살기야 중얼대면서
마음을 다져먹으며 한걸음 한걸음 힘차지 못하게 앞
으로
뻗어나갔다 눈물이 마르지 않았다
다리가 저려왔다

안개기 발 덮었다 나는 무릎으로 걸이졌다
안개가 날숨을 잡아당겼다 숨을 죽였다
얼굴과 근육에 안개가 달라붙었다
젖은 옷이 내 몸에 덮여버렸다 안개가 자욱했다
안개가 뼈와 위장을 녹였다

몽롱한 청춘

몽롱
몽롱 몽롱

몽롱한 의식 구조를 가진 아이가
몽롱한 섬유 조직을 가진 안개 속을 헤쳐나간다
몽롱한 안개 조직을 가진 꿈들이

몽롱한 장래 희망을 가진 세월 속을 걸어간다
몽롱한 부속 기관을 가진 자동차
몽롱한 발성 기관을 가진 새

몽롱한 비행 공간을 가진 새들이 머뭇거린다
몽롱한 낙하 공간을 가진 빗방울들이 주춤거린다

몽롱 몽롱

몽롱한 지역 감정을 가진 안개들의 대립
몽롱한 순환 논리를 가진 혹성들의 인력
몽롱한 결합 체계를 가진 원자들의 운동

몽롱한 시대 구분을 가진 역사
몽롱한 항의 목적을 가진 아이들의
몽롱한 용감무쌍을 가진

몽롱한 달밤 풍경을 가진 서울들의
몽롱한 지성 감성을 가진 아이

몽롱한
몽롱한 안개 조직을 가진
몽롱한 몽롱한

몽롱한 유전 인자를 가진

바캉스

방학이 되자 바다로 가겠다는 애인을
배낭 속에 처넣고 산으로 오른다 야호오호오——
누군가의 메아리가 달려와 내 가슴벽에 부딪혔다
되돌아간다, 일단 한번 바다로 가보재니깐요
배낭 속에서 투덜대는 애인을 묵살하고 산에 산에

오른다 애인은 배를 타고 멀리 나가고 싶어한다
배를 세내자면 돈이 많이 들지 않느냐 그래도
애인은 볼멘소리다, 일단 한번 바다로 가보재니
까……
네 몸매를 자랑하고 싶은 게로구나, 그래도……
니가 무슨 자유와 꿈을 사랑하는 진보주의자라고, 그
래도 바다로……
니가 무슨 원형 이론에 불타는 회귀성 시인이라고,
그래도 이
갈구를 무시하실 수야……, 놀고 있네

말뚝을 박고 텐트를 칠 때도 애인은
음질 나쁜 녹음 테이프처럼 찌직거리며 고장난 젖꼭
지처럼 졸졸

불만투성이 애인은 바다 바다 바다로……
어진 사람은 산을 좋아하는 법, 애인의 어깨를 토닥
거리며
어헛헛 웃어도 애인은 입술을 깨물고 그 입술
선정적으로 물들 때까지 나는 그윽히 하늘과
구름과 산 사이로 벌레 울음 새 울음 사이로 눈알을
굴리는데
애인의 어깨는 어느새 그 바다 물결물결 흐느끼어서

이 유익한 방학 기간에 신경질이 나서
애인을 배낭 속에 쑤셔넣고
산을 내려온다 이젠 휘파람도 메아리도 없는 길
애인은 언제나 배를 타고 바다로 나가고 싶어한다
확 벼랑에 던져놓는다 위협하여도
애인은 자꾸 멀리멀리 나가고 싶어한다

대각선을 완성하기 위하여

우리는 서 있었다, 각각, 방 마주보는 두 구석에.
두 눈은 정염에 불타올랐지만 냉정해지려고 애쓰면서
서로를 향하여 천천히 걸어갔다. 적당한 거리를 두게
되었을 때부터
우리는 서로를 안기 위하여 팔을 뻗었다, 다시 한번
냉정을 확인하며.

그리고 우리는,
우리가 멈춰선 곳이 처음의 바로 맞은편 자리임을
알게 되었다. 서로의 위치만 맞바꾼 채 마주보고 서
있는 꼴이 되었다.
너는 혹시 물이 아니냐, 투명 인간이 아니냐.
어쩌면 내 몸을 그렇게 통과해서 내 섰었던 그 자리
에 갈 수 있느냐.
한 순간 냉정을 잃고 내 가슴을 뚫고 간 것이 아니냐.
우리는 각자 제 가슴을 만져보며 서로를 의심하였다.

의혹은 짙어갔다. 오랜 세월을 흘려보내며 우리는
우리의 행로가 직선이 아닐지도 모른다는 생각을
하게 되었다. 잠시 눈멀었었거나 서두르다 발을 잘못

내디뎠을지도 모른다는
　생각을 했다. 참으로 경솔했었다고 자책하며 이번만
은 하고 생각하며
　우리는 다시 꼿꼿하게 서로를 향하여 걸어가기 시작
했다.

　냉정을 잃으면 안 돼.
　이성을 버리고 서둘면 우린 또 우릴 지나치게 돼.
　내 몸을 불타게 내버려두고 그림자만 길게 네 발목에
닿게 해선 안 돼.
　이제는 확신에 차도 조심조심 정염도 사랑도 식히며
조심…… 앗, 그런데
　여기는 어딘가, 한 순간을 뿌리치고 돌아서면
　너는 왜 또 내 서 있던 그곳에서 안타깝게 날 보고 섰
느냐?

　수많은 나날이 이마에 그늘과 주름살을 만들었다.
　우리의 수염과 이빨이 땅에 떨어져 어느 날
　방바닥에서 검은 침엽들을 가진 빛나는 금속성의 나
무가 자라나고

그 나뭇잎 사이로 우리는
우리가 지난 길을 가로지르는 또 한 쌍의 만나지 못
하는 연인들이
서로의 몸을 자꾸만 지나쳐가고 있음을 알게 되었지만,
지친 우리가 걸어가보면 너는 또 내 몸을 지나가
내 서 있던 그 자리에 가 있곤 하는 것이었다.

사 이

사람들 사이에
사이가 있었다 그
사이에 있고 싶었다

양편에서 돌이 날아왔다

검은 공

언제 그랬냐는 듯이
언제 널 사랑하더냔 듯이
언제 겁없이 청청한 하늘을 날아다니더냐

저돌적 청춘 시절
두개골과 허파가 뚫어져도 똘똘
뭉쳐 있던 피톨들 또 계단을 솟아올라 힘껏
또 팽팽히 네트를 향해 날아가던 정구공
언젠가는 하고 용수철처럼
사화와 당쟁의 마지막 날처럼

그 기다림의 나날은 어디로 이어질 것인가 모르고
지루함도 모르고 그것은 아침에 떠오를 것인가
묻지 않고 남녀 선수들과 어우러져 노래와
함성 맑고 투명한 기쁨으로
반복인 줄도 모르고 내부 분열도 모르고
꿈꾸는 잠속의 꿈길에서도 뛰어

뛰어 뛰던 언제
그랬냐는 듯이 막 떠내려갈 폐품처럼

허연 시체처럼 맞바라볼 벽도 없이 언제는
빛나는 창끝이난 듯이

튐에 대하여

내 경쾌한
공의 운동. 실은
도약을 위해 근육을 모으는 때, 바로
그 순간, 이미 돌아올 것을 예감함. 태어나면서
죽음을 본 끔찍함.
끔찍함!
！！

III

기러기 남매

먼 훗날
먼 머언 훗날
나는 이 별에서
너는 또 다른 별에서

날아가는 철새
저 기러기떼 행로를 따라
기러기 발에 편지를 묶어

먼 옛날처럼
먼 머언 옛날처럼
우리는 이 땅
우리는 저 땅

기러기떼 기러기발
봄이 오면 하늘을 보면
보았는가 아아 대답 없는가

밥의 나날

복날이다 보신탕을 못 먹는 동료들과 함께
도가니탕을 먹다가 고기가 목에 걸렸다
돋우어 뱉을까 말까 창피해서
그냥 삼켰다 온종일 시달렸다
하품이 났고 구역질이 났다

아, 내가 언제 고깃국에 체해보았던가
사춘기 때는 나는 왜 밥을 먹는가로
대학 때는 나만 왜 밥을 먹는가로 고심터니
이제 배부르고 등 따시어
별일이 다 생겨 세상에

세상에 내 부러운 일이 무엇인가 적당히
지식을 쏟고 양심을 지키면 위대한 책은 펼쳐지는데
봉급은 절로 나오고 내 가문
주렁주렁 번창할 텐데 이제 와서
새삼 나는 왜

밥에 대한 생각을 멈추지 못하는가
이 우주에 엄연히 음이 있고 양이 있으니

빛나는 태양이며 광명한 나날
버림받은 혼혈아며 천직을 얻은
여공들이며 하늘 푸르거늘 어찌

만물의 근원을 뒤집어 고찰하는가
지적 허영인가 나는 지금
역모를 꾀하려는 것이 아닌가 아, 역모여
이 아득한 이름이여 순간 입으로 웩
고기가 올라왔다 가을이 왔다

미 궁

그 일이 일어났다
그는 동네의 거물이었다
그는 육교 계단을 오르다 쓰러졌다
그 일은 미궁에 빠지고 있었다

그를 호위하던 후배들은
근처 소리사의 갑작스런 음악 소리에
고개를 돌린 순간이었다고 했다 소리사 주인은
정체 불명의 한 손님이 볼륨을 좀더 높이라고 했다는
것이다
볼륨을 다시 줄일 때 손님과 더불어
육교 아래 쓰러져 있는 그를 볼 수 있었다고 했다

문방구 주인은 아이들이 신종 볼펜을 달라는 아우성
때문에
오락실 주인은 요란한 전자 곤충 전쟁 때문에 각각
앰뷸런스가 온 다음에야 그 일을 알았다고 했다
자전거상 주인은 낮잠을 자다가 도둑이 든 줄 알고
벌떡 일어났다고 했다

많은 목격자들은
어떤 사내 둘이 그를 밀치고는 시내버스에 뛰어올랐
다고 했다
그런데 두어 행인은
호위 후배들이 그를 뒤로 당겨 쓰러뜨린 다음
시치미를 떼고 있다고 격분했다
한 행인은 그가 발을 헛디뎠으며
그 무렵 돌 하나가 그를 향해 날아가고 있었으나
맞은 것 같지는 않았다고 진술했다

그는 시립병원으로 옮겨진 후 말도 못 하고
마지막 순간 손가락으로 동그라미 하나를 허공에 그
리다가
숨졌다 추리소설 독자 협회에 가입했던 한 소년이
그것은 여자를 상징하는 기호일 수도 있고
사랑 마크의 오기일 수도 있다고 해
연정에 얽힌 죽음일지도 모른다는 추측이 남발했다

뇌진탕이라고 레지던트들은 입을 모았으나
누구에게 떠밀렸던 흔적은 없고 단지 입원 직후

양복 저고리 윗단추가 떨어질 듯 달려 있었다고 했으며
그의 치아를 담당해온 치과대학 본과 1년생 과대표는
충치의 아픔 때문에 난간을 잡았던 손을 놓았을 가능
성을
전혀 배제할 수 없다고 말했다
한 행인이 흥분했다 철저히 규명해야 한다
을종 여관에 투숙중인 운명 철학자는 말했다
그는 생체 리듬 사이클의 하강 기간이었던 듯해요
한동네 유지가 말했다 그는 뛰어난 순수 민간 거물이
었지요
동네 막강한 실권자가 말했다 내가 그에게
그 육교를 오르지 말라고 경고하지 않았던가
유가족들은 말했다 동네를 위하시다 가셨어요
골목 치안 담당은 말했다 당시 치안은 완벽했으나
책임을 지고 물러나겠다
골목 검찰 담당은 말했다 전면적으로 재검토하겠다
구내 방송은 말했다 검찰측에서
제3의 목격자를 숨기고 있음에 틀림이 없다
르포 작가 지망생은 말했다 이 일은
지난번 지하도 사건에 이은 제2의 의혹 사건이다

그 일은 미궁에 빠졌다
미궁은 우리가 관심을 가지는 한까지 미궁이었다

마침내 한 지식인이 그 일의 전모를 밝혀냈을 때
그 일은 사람들의 관심 밖이었다
아무 출판사도 그 진실을 제작하지 않았다
그 진실은 이 시의 주제와도 상관없으므로 더 이상
언급을 회피하겠다 이번에는

공중에서 또 하나의 일이 발생했다
뒷마을 거물의 사고였다
그 일은 미궁에 빠지고 있었다
많은 사람들이 미궁 안팎으로 몰려들었다

불러도

그곳은 바다이니까 불러도
그곳은 바다와 바다가 맞닿은
바다이니까 불러도
바다와 바다가 맞닿은 모습뿐인
수평선이니까 불러도

떠밀려 라면봉지와 머리카락만이
떠밀려 꽃잎같이 가랑잎같이 먹구름같이
흩뿌려진 살과 뼈
상어가 검은 해협을 타넘어 꽃대궁을 삼키고
참치가 한계선을 넘어와 꽃잎을 뜯고
찢어진 옷소매는 문어떼가 휘감아가고
파도와 고래 거품이 싸움과 충돌이

떠밀려 남은 것은 더 작은 섬나라에서
떠밀려 남은 것은 더 작은 힘들이
떠밀려 남은 것은 영역도 없이 갈갈이
떠밀려 넋이라도

넋이라도 있는가 없는가

넋이라도 들리는가 불러도
꽃다발을 던지며 손수건을 흔들며
불러도 저고리를 벗어던지며 오빠아
매엑스 옥아 오까아상 불러도
그곳은 바다와 바다가 맞닿은
바다이니까 넋이라도
불러도 그곳은 바다이니까
불러도

이웃 황태자 부처가 우리 마을에

——우리는 마오리족, 배운 것은 없지만
마음은 착해 400여 년 동안 우리를 보살
펴준 이웃 나라 황태자 부처가 금빛 머리
칼 빛나는 어린 왕자를 안고 우리 마을에
오시던 날……

지난 은혜를 못 잊어요 우리는
잘 터지는 공을 하나씩 만들었지요
공 속에는 영양가 있는 음식물이 들었는데
생달걀, 케첩, 밀반죽, 아이스크림……
돈 많이 들었어요 합창도 연습했죠 아에이오우우우
우——
스트리킹도 연습했지요 옷 벗는 일이라면
매양 자신 넘치는 일이었으니깐요
그날 폭우가 쏟아졌어요 천장만 덮고
황태자 부처의 금마차는 흙탕물만 튀기며 오고 있었
지요
그래도 우산도 안 쓰고 반기는 군중 틈에서 갑자기
우리 중 하나가 알몸으로 달려들고 악! 하고
즐거워하시는 황태자비 황태자께서도 신기해하는데
우리는 공을 던졌지요 호위병의 호각 소리 황태자비
의 얼굴에

달걀이 터져 흐르고 황태자의 눈에 케첩이 젖어요
영양은 고급으로 사방에서 비명 소리 박수 소리 우리는
우우우 합창했지요 공은 끝없이 날아가 안겼고
호위병을 피하며 마차 주위를 뱅뱅 도는 알몸의 그것이
덜렁덜렁 황태자비께서는 왜 저리 몸둘 바를 모르실까
우우우 공은 마차를 더욱 빛나게 했지요 천장도
내려앉았지요 시녀의 팔에 안긴 어린 왕자의 얼굴에
아이스크림이 터져버렸어요 왕자는 사색이 되어
으앙! 으앙! 울고 황태자비가 급히 감싸안았어요
쏟아지는 공 폭탄 속에서도 의연한 모성애 우리는
코끝이 찡해왔어요 순간 몸에서 힘이 빠져나가고
공도 못 던지고 스트리킹도 못 하고 합창도 못 하고
순순히
주저앉아버렸어요 흙탕물에 엉덩이 깔고 엉엉 울어울어

    ——우리는 마오리족, 배운 것은 없지만
마음은 착해 그 희화적이고 감동적인 영
접 행사 이후 다시 400여 년 동안 이웃 나
라 보살핌을 받을 수 있었지요 긴 세
월……

빈 곳을 채우기 위하여

  어린 날엔 누이가 그리는 동그라미 속을 채우는 놀이
로 밤을 새웠어요
  사과알이나 감자, 사탕, 과자 부스러기들로 채웠는데
  누이는 밤마다 더 큰 동그라미를 그렸기에
  가득 채우자면 물건은 점점 많아져야 했지요 유리잔,
모자, 신발, 돌멩이……

  누이가 긋는 금은 신기해서 안 지워지다가도
  학교 갔다 돌아오면 더 커져 있어서
  나도 얼른얼른 자라나야 했어요 아무도 내 키를 따르
지 못할 만큼
  아무도 내 큰 손을 따르는 이 없었어요
  친구들의 몽당연필, 공과 칼, 책가방,
  여선생님……

  다 집어다 동그라미 속을 채우는데
  이거면 되겠지 하고 한아름 돌아올 때
  누이는 그보다 더 큰 동그라미를
  누이는 방보다 큰 동그라미를
  집채보다 더 큰 것을 마을보다
  나도 마을보다 더 큰 호령 소리를

그 동그라미 꼭꼭 메우려고 값비싼 지식과
온 나라 사람들이 함께 부를 노래를 우는 친구들과
몇 번의 좌절로 빈 곳은 엄청나게 커 보이기도 했지만
빈 곳이 넓은 만큼 할일도 많아 나는 조금씩 자신에
차고
빈 곳은 그렇게 채워져갔는데 어느 날 누이가

돌아오지 않았어요
이 세상보다 더 큰 동그라미를 그리기 위해 아마도
세상 밖으로 나가버렸겠지요 아마도 지금쯤 세상 밖
에는
누이가 그린 동그라미가 있을 테지요 그런 순간
절망은 엄습해옵니다 내 땅의 모든 삶과 꿈

그 빈 곳을 채우지 못합니다 채워도
채워도 채워지지 않는 빈 곳을 위하여
무엇을 가져야 하는지 대기권 밖으로 부풀어가는
누이의 동그라미 터지기 전에 나의 노래는
어떤 빛과 무게를 싣고 날아가
빈 곳을 가득가득 채울 수 있을까요

잘 먹고 잘살기 위하여

애인은 밤마다 속삭인다 시집을 가든지 돈을 왕창 벌
든지 해야겠어요
어느 경우든 실현성은 없다 애인은 먹고 놀자판이기
때문이다

세상에 먹고 놀 줄밖에 모르는 아이를 업어갈 얼간이
가 어디 있어
먹고 노는데 돈 주는 곳은 없단다 타일러도 애인은
막무가내다

애인의 눈빛은 몽롱하다 나는 몽롱한 청춘을 즐기는
편이다
인생은 도박이니 시 쓰는 맛 또한 한판 끄는 맛이다

이건 어때요 애인은 말했다
당신이 놀고 먹고 내가 시를 쓸게요

그건 안 돼 대저 인간에겐 하늘이 주신 천직이란 것
이 있는데
어기면 잘 먹고 잘살기는커녕 제 명에 못 죽는다

애인은 울상이 된다 그러면 방법은 하나로군요
시집을 가든지 돈을 왕창 벌든지 해야겠어요

허허허 좋아 회의 끝에 얻은 꿈은 소중한 거야
열심히 살아봐 짜식 애인은 놀고 먹고 나는 시를 쓴다

누가 이 사람을 알지 못하시나요

1979년 12월 31일 밤 12시에서
1980년 1월 1일 새벽 0시

몽롱한 안개 걷히고
더 몽롱한 빛소리 한 뭉치

다시 오마든……

홍콩에서 온 여와 남

상하이 박은 정체 불명
미남에다 검정 장갑을 끼고서
애꾸는 독고파와 결투하고
허변호사의 정체를 폭로하고
죽은 재벌이 남긴 금괴 지도를
가진 딸을 유인해내
금괴 묻힌 바닷가로 달려가는데
게 섰거라 탕탕탕 총알도 피해

상하이 박은 신출귀몰
변장도 잘 하고 주먹도 세고
속이고 치고 박고 달려서
금괴를 낯선 사내들에게 넘기고
재벌의 딸이 속았다며 빰을 때리고
상하이 박은 너털웃음 터뜨리며
나는 임시징부 요원이오
조국 광복을 위해 금괴를 바쳤소

상하이 박은 멋진 사나이
재벌의 딸도 황홀해 입 벌리고

어디선가 총알이 날아와 윽 하고
재벌의 딸이 엎어지고
사실은 당신이 왠지 좋았어요
아아…… 재벌의 딸은 손을 내젓고
나를 조국 땅에 묻어주우세……요
사아……랑해애……요…… 으윽

할말은 다 하고 죽는 모습에
내 가슴 벅차하던 어린 시절
50원을 모아 달려가곤 했었다
삼류극장 퀴퀴한 냄새 안 맞는 더빙
연기도 안 좋고 화면도 끊기는
국적 불명의 영화에 감동했다
질 낮은 국산 배우 상하이 박이 좋았다
주먹 불끈 쥐고 꿈꾸고 꿈꾸었다

이제 서울 대구간 고속버스 비디오
졸며 하품 찍찍 늘어놓으며
창밖에 가 있던 시선은 어느새
상하이 박을 보고 있다 그가 정겹다

아이들도 금연석의 여자들도 끌끌
터무니없는 줄거리에 비소와 조소로
의리에 젖고 주먹에 젖고 때때로
그 여자 반나의 몸에 마냥 숨죽여간다

그리운 풍경

지방행정회관 202호
원고와 씨름하다 한바탕 긴 기지개로
피로를 내쫓는 순간 유리창 밖 허공에서
발 하나가 둥둥 떠내려온다
하나만이 아니다 또 다른 발과 다리와
몸뚱어리가 줄 끝에 매달려 앉아 흔들흔들
내려오고 있다 사내는 볕이 따가운지
상을 찡그리면서 그러나 연신 입을 벌렸다
다물면서 소리없이 창문을 닦기 시작한다
겨울의 묵은 때가 씻겨져내린다 사내의 등뒤로
만리동 고개 쪽이나 아니면 숙대 뒷산까지
올망졸망 치솟아오른 달동네 장난감 집들이
보인다 효창동과 공덕동 혹은 만리동 사이
보이지 않는 도로를 버스 지붕 몇 개가
끊기고 이어진다 효창공원을 끼고 도는
아스팔트길 붕어 새끼 같은 아이들 뜀박질
여기저기 교회의 첨탑이며 삐쭉 솟은
전신주며 안테나며 옥상에 나부끼는 빨래들이며
붉은 개량 지붕 위로 뿜어지는 가륵한 연기며
축축 처진 전깃줄이며 들려오지 않는 아우성들이며

사내는 풍경을 닦는다 좌에서 우로 우에서 좌로
힐끔힐끔 실내를 엿보면서 창을 닦아내린다
두터운 유리창은 아무런 반향도 들려주지 않는다
히터 도는 소리가 들리고 간간히 마른기침 소리며
철제의자 삐걱이는 소리 가스 라이터 켜는
소리 원고지 찢기는 소리가 들린다
사내는 점점 아래로 내려간다 허공을 떠돌며
순간의 위험스런 곡예를 즐기듯 한껏 입 벌리며
웃는다 사내의 마지막 머리카락이 위로 뻗치며
풍경만이 남는다 이른봄 긴 하품에
눈물이 흐른다 문득 가을이 아니
지나간 겨울이 다시 그리워진다
그립다 지방행정회관 202호 역사문학연구소
왕조 실록과 원고지와 극적 구성과 전화벨 소리와
커피잔과 약속과 나른함과 독촉과 삐걱임 기침 소리
찢기는 소리 하품 소리 하품 소리 아아 아직은 저렇듯
저렇듯 섣불리 풍경이 닦아져서는 안 된다

햇빛의 나날

두 사내가 야구공을 주고받는다.
정전이 되었다고 투덜대면서.
모처럼의 장면을 놓쳤다고 투덜대면서.
틈틈이 맺힌 땀을 닦으며 공을 주고받는다.

한 사내가 놓친 공을 따라 뛰어갔다 온다.
러닝 셔츠 밖으로 드러난 어깨가 눈부시다.
김형, 좀 잘 던지슈.
미안 쏘리. 두 사내가 공을 주고받는다.

아이들의 자전거 행렬이 사이를 가로지른다.
비켜, 이놈들. 한 사내가 공을 하늘 높이 던진다.
다른 사내가 쳐다보다 햇빛과 마주친다.
공이 사내의 이마로 떨어진다.

멍든 것 같소, 이형.
연신 이마를 비비며 사내가 공을 던진다.
햇빛 탓이오, 허허…… 다른 사내가
흰 이를 드러내고 웃는다.

아빠, 불 들이있이.
아이가 베란다에서 소리친다.
두 사내는 장갑과 공을 모은다. 혹만 하나 붙였소.
햇빛은 아직도 맹렬하다.

깊은 산 아버지

아버지는 지금도 깊은 산
깊은 산에 살고 계실까
깊은 산 깊은 산엔 여름이 와도
눈이 녹지 않는다는데 깊은 산
골골마다 지나온 바람결에
아버지 기침 소리 실리어 있나

아버지는 깊은 산 왜
깊은 산에 숨어버리셨나
옛날 그 누구에게 모함을 당해
이리저리 유배지로 끌려다니다
뿌리치고 산으로 달아나신 후에
혹자는 산적 두목이 되었다 하고
혹자는 산신령이 되었다 하는데
혹자는 잊고 혹자는 비겁자라고

산불을 질러도 산사태가 나도록
아버지는 깊은 산 그 어디실까
아버지 깊은 산은 변함도 없이
깊은 나무 깊은 말씀 심고 계실까

세상이 바뀌고 슬숲이 우거져도
아버지 깊은 세월 꽃필 수 있을까
아버지 깊은 산 바다 되지 않을까

지렁이떼

지렁이도 밟으면
밟힌다 지렁이도 밟으면
내장이 터진다 핏물이 치솟기도 전에
구둣발에 으깨어진다 내장과
살갗이 피범벅이 된다
일부는 흙 속에 파묻히고
일부는 구두 밑창에 묻어 돌아다니다가
점점이 점점이
흩뿌려진다

그럼에도 불구하고
왜 지렁이는 왜 비만 오면
왜 기어나오는가 왜 겁도 모르고
왜 기어나와 왜 하수구 밖으로 땅을 뚫고
모래를 뚫고 아스팔트 위로 발밑으로
슬슬

그럼에도 불구하고
지렁이는 으깨어져 점점이
흩뿌려지는가

그럼에도 불구하고
그 많은 꿈틀댐들이
그 많은 고물거림들이
그 많은 지렁이떼들이

수색에 지다 · 전편

그날 아침, 버릇처럼 손 뻗어 물잔을 찾았을 때
낯선 방바닥의 감촉에 눈을 떴다. 여기가 어딜까.
옆에는 네가 누웠고 열어놓은 창밖에서는
비가 내리고 있었다. 아, 마침내 이곳까지 오고야 말
았구나.
가슴 한곳에서 구토도 아닌 것이 울컥 치밀어올랐다.
우리는 전날밤 몇 차까지 마셨는지 모른다.
내가 저녁에 영화인 납북 진상의 호외를 돌아줘고 갔
을 때는
모두 엔간히들 지쳐 있는 기색이었다. 생맥주 몇 잔
으로 서먹한 분위기를 지우고
찌개집으로 자리를 옮겨 근래의 생업과 문단 동정과
소주맛과
러시아 문학의 현황과 입대 문제와 안주 부족과 어떤
비평가의 유연한 필치에 대해서
들먹이다가, 언제 취했는지, 버스 안에서 고형이 자
꾸 통일
소원 하며 노래를 불렀는데, 누가 먼저 황선생 집에
쳐들어가자고 했는지,
나는 술 한잔만 더 달라고 황선생에게 파격적으로 애

걸했고
　그 다음에 내가 주방의 술병을 향해 걸어갔는지 어쨌
는지, 도막난
　기억처럼 어디서 넘어져 무릎이 깨졌는데, 여자인
　김형은 먼저 가고 너와 나는 고형을 따라
　수색까지 갔을 테지. 고형도 웬만큼 취했을 테니까.
수색,
　말만 되뇌어도 나는 왜 남한의 최북단에 온 듯
　가슴이 터질 것만 같을까. 현아, 너는 잠들어 있었고
　나는 밤새 미적지근해진 물로 숙취를 달래며 비 듣는
소리를
　들었다. 시계와 안경의 무사함보다 고형 내외에게의
미안함보다
　간밤의 파격과 실수보다 이어지지 않는 기억의 조각
조각보다
　수색, 알 수 없는 그 막막한 생면부지의 이름의 비
듣는
　눅눅한 수색, 알 수 없는 그 끈적끈적한 방바닥
　헤어나기 힘들었던 수색, 그 지울 수 없는 상처가
　그날 온종일 숙취보다 더 괴롭게 나를 사로잡았다.

수색에 지다·후편

현아, 어젯밤 또 수색 고형 집에서 잤다.
새벽까지 술을 마시고 겨우 두 시간 눈을 붙였는데도
이리도 머리가 맑을 수가 없다. 찢은 생오징어를 안주삼아
소주잔을 주거니 받거니…… 풍치인 내 이는 아직도 얼얼하다.
나는 최근에 본 고대 우리 역사가 담긴 책『환단고기』이야기를 했다.
고형은 압록강변 초산 부근에 자신과 꼭 같은 사내가
아내와 딸 하나를 거느리고 살고 있으리라고 했다.
나는 우리 역사를 왜놈들이 와서 빼앗아갔다고 했고
고형은 창자를 곱씹듯 소주잔을 비웠다. 또
비가 내리고 있었다. 나는 연산조에 살았던 도적 홍길동과
저항 시인 어무적에 대해서 더 말하고 싶었지만
고형은 어느새 노래를 흥얼거리고 있었다. 아아 산이 막혀……
나는 차마 따라 부를 수가 없었다. 『환멸을 찾아서』 얘기를 했으나
들었는지 어쨌는지, 고형은 노래를 바꾸어 불렀다.

한 많은 대동강아……

　수색, 왜 나는 그곳에만 가면 그토록 여지없이 주눅이 들까.

　수색, 그곳은 멀지 않았다. 아침에 고형 부인이 주는 낡은 우산을 들고

　택시로 먼저 출근을 했다. 수색, 그곳은 비 내리는 아침이었다.

　수색, 그곳은 빗길 위로 넓게 펼쳐지고 있었다.

　수색, 그 너머 더 진하고 생생한 기억의

　수색이 오고 있었다. 숙취도 잊었다. 정신이

　맑아져왔다. 젖어 헝클어진 머리칼을 쓸어올렸다.

진실에 이르는 길

최　동　호

　①　진실이 헐가로 방매되고 있다. 누구나 다 자신이 진실하다고 한다. 정치가나 사업가들도 모두 자신이 절대로 진실하다고 한다. 시인들도 진실을 추구하는 자일 것이다. 시인만이 진실하다고 강변할 필요는 없을 것이다. 필요 이상으로 진실을 강변하는 것은 스스로의 경직성을 드러내는 것에 불과하다. 진실을 내세워 진실을 호도하는 행위야말로 진실을 모독하는 일일 것이다.

　진실의 얼크러짐이 이렇게 복합적이고, 진실의 드러냄을 판단하기 어려운 시기에, 박덕규의 시집 『아름다운 사냥』을 읽으면서 필자에게 우선 떠오른 생각은 진실에 이르는 길이 무엇일까 하는 것이다. 그것은 그의 시만이 진실하다고 말하려는 것이 아니다. 진실에 이르는 길이라는 어떤 시적 목표를 그의 시에서 상정할 수 있지 않을까 하는 느낌이 들었기 때문이며, 그렇다면 문학을 통해 진실에 이른다는 것이 과연 무엇일까 하는 것에까지 생각이 미치기 때문이다. 누구나 다 진실하다고 강변하는 시기에 있어서 우리는 좀더 세심하게 진실의 실체에 대해 천착해보아야 할 것이다.

가을이 되어 들에 나가보면, 수량이 줄어들긴 했지만, 낮고 조용하게 흘러가는 강물의 소리를 들을 수 있다. 여름의 도도한 강물에서 들을 수 없었던 가을의 강물 소리를 들을 수 있다. 지형에 따라 굽이쳐가는 강물의 흐름을 볼 수 있으며, 그리하여 왕양한 대해에 도달할 강물의 흐름도 조망하게 된다. 진실에 이른다는 것은 작은 지류들이 모여 험난한 도정을 거쳐 왕양한 대해에 이르는 강물의 흐름과 같은 것이라 생각해본다.

박덕규의 시들도 바로 이와 같이 진실이란 대해에 이르고자 하는 내면적 고백의 시들이라 말할 수 있을 것이라는 느낌을 지울 수 없다. 그것들은 이미 진실에 도달해버린 듯 착각한 자들의 고조된 강변의 목소리라기보다는 여러 우여곡절을 겪으면서 진실에 도달해보려는 자의 목소리를 담고 있다. 따라서 그의 시들은 여러 갈래의 상념들을 담고 있으며, 이 여러 갈래의 시상들이 합류하여 나아가려고 하는 하나의 방향이 진실에 이르는 길을 향하고 있다는 점을 지적할 수 있을 것이다. 『빌헬름 마이스터의 수업 시대』에서처럼 그의 시들은 수업 시대의 작품이면서 또한 그 나름의 완결된 세계이기도 하다.

2 시집 『아름다운 사냥』은 저자 자신에 의해 세 부분

으로 나뉘어 있다. 이 세 부분은 각기, 충격적인 아름다운 시를 완성해보려던 때, 충격적인 아름다움을 사회에 던져야 할 것 같다는 생각에 고심한 때, 보다 큰 흐름에서 인간을 발견해야 할 것 같다는 생각에 고심한 때 등의 세 단계로 나누어 설명할 수 있을 것이라고 저자는 '자서(自序)'에서 말하고 있다. 이런 언급을 참조해본다면, 이 세 단계는 또한 시기적 순차에 따른 것임을 알 수 있을 뿐만 아니라 아름다운 상상의 세계가 어떻게 현실을 수용하면서 자아를 정립해야 할 것인가 하는 문제가 그의 시의 중심 줄기를 형성하고 있다는 사실도 느낄 수 있다. 아름다운 상상의 세계와 현실적인 삶의 세계와의 상충과 극복의 과정이야말로 그의 시 전체가 지향하는 진실에 이르는 도정을 드러내주는 분명한 사례가 될 것이다.

그의 시가 빚어내는 아름다운 상상의 세계에 우선 관심의 눈길을 돌려보자.

너는 참 이상한 꽃이야.

잠결에 어린 누이가 뜰에 내린 어둠을 쓸고 있다. 발목에 이는 덜 깬 바람이 흐느적거리며 다시 어둠의 일부가 된다. 치마폭에 갇혀서 나의 누이는 밤마다 꽃밭을 가꾸자고 한다. 물안개를 뿜으면 꽃들은 조개처럼 입을 오므린다. 뜰에 가득히 꽃잠을 자다가 나비잠을 자다가 간밤엔 초경으로 가슴 팔딱이던, 오오라

네가
지상에 처음인 그
입술 작은 꽃이로구나.　　　　　　　　　──「하현달」

　　이 시는 섬세하고 아름다운 언어로 짜여져 있다. 하현달과 조개처럼 입을 오므린 꽃 그리고 어린 누이의 심상들은 이 아름다운 세계를 유기적으로 통합시켜주며, 나아가서 우리의 상상력을 초경으로 가슴 팔딱이던 놀람의 인식에까지 이르게 한다. "오오라" 하는 감탄사의 절묘한 배치라든가, 연의 배열이나 시행의 전개에 있어서도 작자는 세심한 배려를 하여 아름다운 상상의 세계를 엮어낸다. 그것을 우리는 아름다움을 통한 존재의 발견이라 부를 수 있다. 물안개 속에서 입술을 오므린 꽃에서 하현달의 심상을 유추한 화자의 눈은 입술 작은 꽃의 새로운 발견을 통해 팔딱이던 두근거림으로 사물의 존재를 새롭게 발견하는 것이다. 이 세계는 아름답고 완결된 것이다. 그러나, 또한 섬세한 언어의 아름다운 구도 속에 존재하는 정태적인 것이다. 그의 상상력이 역동적으로 삶에 부딪혀나갈 때 그는 이런 상상의 틀을 벗어나고자 한다.

　　꽃늘은 거꾸로 매달려서
　　시나브로 시나브로
　　시들어갔다, 꽃들의 향기만 남기고.
　　마침내 그들의 향기마저 시들었을 때
　　나는 차라리

인력 이전의 곳으로 내리고 싶다.   ──「낙하산」

　　꿈이 절망인 채로 자꾸 떨어져내릴 때 그의 아름다운
꽃들은 향기만 남기고 시들어간다. 인력 이전의 곳, 바
꾸어 말하면 떨어져내리지 않는 절대적인 공간을 상상
하게 된다. 위의 문맥에서 보자면, 그것은 꽃이 시들지
않는 곳이기도 하다. 꽃이 시들지 않는 곳을 연상한다는
것은 그가 절대적인 아름다움의 세계를 향한 내적 동경
을 지니고 있다는 뜻이기도 하다. 그러므로 스러져가는
하현달의 아름다운 세계를 벗어나기 위해 그가 다음과
같이 상상의 새를 비상시키는 것은 자연스러운 일이기
도 하다.

　　　　내 손 가득 평화 위에 새를 세우고
　　　　새와 나의 안녕을 노래부를 때
　　　　비로소 새는 자유처럼 떠난다.

　　　　나는 언제나 새를 부르고
　　　　안녕, 하고 손을 흔들며 영원으로
　　　　새는 떠나고 이제 손안에
　　　　아득히 끝없이 날아서 온다.   ──「비둘기와 손」

　　화자는 상상의 새를 영원으로 날려보낸다. 영원을 향
해 아득히 끝없이 날아오른다는 것이 부질없는 일이라
고 생각하기 때문이다. 이 시에서 날려보내는 새가 비
둘기라는 사실도 흥미있는 부분이다. 영원을 향해 평화

를 뜻하는 비둘기를 날려보냄으로써 화자는 마음의 평
정을 희망하는 듯하다. 그가 새를 영원으로 날려보낼
때, 그 새가 다시 아득히 끝없이 날아서 온다는 것은
화자 자신에게 새가 될 수 없다는 것에 대한 강박감이
있었다는 것이며, 그가 이 강박감으로부터 자유스러워
질 때 상상의 자유를 얻을 수 있다는 뜻으로 풀이할 수
있다.

물론 여기에는 상승적인 심상보다는 하강적인 심상이
그리고 추상적인 것보다는 구체적인 것을 지향하는 시
인의 변증법적인 상상력이 함축되어 있다. 이러한 시적
상상력은 그 나름의 제한점을 내포하는 것이지만, 박덕
규의 시를 지배하는 시적 미학의 중심점이 자리잡고 있
는 지점이기도 하다.

왜가리는 왜가리
그가 선 채로 나를 겨냥했을 때
나는 한 마리 왜가리 하늘은 푸른 하늘
일순의 번갯불에 멎고 싶었다

그러나 돌을 줍고 던지지 않고
다시 등에 총을 꽂고 벌판 끝
나는 그의 머리 위를 배회하였다
하늘과 벌판이 맞닿는 곳에 가 쉬면서
그의 뜨거우나 숨죽인 발자국 소리를
기다려야 했다 왜가리

〔………〕

그가 찾는 황금의 새가 되기 위하여
나는 자연 속에 있지만
오오 아픈 날개여 팔
한때는 현란한 눈부시던 먹장구름
이젠 땅으로 내리는 길도 막힌 것 같아
구름과 구름이 맞닿는 그곳으로

가없는 왜가리 구름을 뚫고 와
누군가 다시 한번 나를 겨냥한다면
멎으리 뛰는 정맥 정수리까지
오직 그대 사랑 못박히고 싶다   ——「아름다운 사냥」

　이 시는 왜가리와 포수의 대위법으로 이루어져 있다. 왜가리가 이 시의 중심적인 화자가 되었다는 점도 이채롭다. 그러나, 왜가리와 그라고 표현된 포수는 동일 인물의 연상 작용을 드러내는 대칭적인 구도이다. 문제는 황금의 새에 있다. 왜가리는 그가 찾고자 하는 황금의 새를 촉발시키는 표상으로 제시된다. 그러나, 왜가리는 황금의 새 그 자체가 아니다. 황금의 새가 되고자 푸른 하늘을 날고 있다. 황금의 새는 포수인 그가 명중시키고자 하는 목표물이다. 왜가리는 포수의 겨냥에 못박혀 떨어지고자 하지만 포수인 그는 왜가리를 향해 돌을 던지지도 않고, 총을 쏘지도 않는다.
　포수가 지나가고 왜가리는 더 이상 날 수 없는 구름

과 구름이 맞닿는 곳으로 향한다. 실상 왜가리의 바람은 포수의 바람이기도 하며, 이 시인이 말하고자 하는 상상력의 극점을 표출한 것이기도 하다. '아름다운 사냥'이라는 시제는 그런 점에서 명명된 것이리라. 그런데, 이 시에서 보여주는 화자의 상상을 드러내는 어법에는 의도적인 측면이 담겨 있기는 하지만 약간의 애매함이 있다. 이 애매함으로 인해 시상의 전개에 있어서 흔들림이 온다. 상상력을 크고 넓은 세계로 밀고 나아가기보다는 "땅으로 내리는 길"을 찾고 있는 것으로 보아 화자가 상상의 비행이 위태로운 어떤 지점에 도달했음을 무의식 중에 드러내고 있다는 것이다. 물론 이는 그의 솔직성의 단면을 시사하는 것으로 여겨지는데, 이 시에 느껴지고 있는 것과 같이 응어리져 있는 상상력의 덩어리는 그의 이 시집 전체에서 줄곧 문제가 된다.

황금의 새와 같이 상상력의 작용을 집약하는 아름다움에 대한 추구가 좀더 구체화되면서 박덕규는 좀더 철저하게 상상력의 작용을 시험하며 시적 전진을 시도하고자 한다. 그 시도가 다음 시에서처럼 탄력성으로 나타난다는 것은 우연으로 지나칠 일이 아니다.

> 내게 작은 공이 하나 있다
> 아침에 그 공을 버릇처럼 퉁긴다 공은
> 내 손과 방바닥 사이를 규모 있게 왕복한다
> 내가 그 동작을 멈추고 출근하게 될 때에도 공은
> 여전히 내 손바닥이 있던 높이까지 튀어오르곤 한다
> 그 모습을 떠올리며 나는 하루를 보낸다

공은 마치 바위 속을 유영했던 물고기 같은 느낌이 든다
　하루종일 공은 내 몸 안을 굴러다니다가 한 순간 툭 하고
퉁겨져나와
　분주한 거리로 몸 던지기도 한다 그러면
　저 움직이는 것들이 모두 공의 튐처럼 보인다
　울렁이는 차체나 계단을 오르내리는 발걸음들이 모두
　흔들리는 깃발들이 깃발을 흔드는 바람들이 모두

──「탄력성」

　탄력성은 공을 빌어 표현하는 의식의 실험이며, 응축
된 상상력의 연마이다. 이 시집 Ⅱ부의 시들이 이 탄력
성의 탐구에 집중되어 있다는 것은 주목하지 않을 수 없
는 일이다. 「애인을 배낭 속에 넣고」「공」「바캉스」「튐
에 대하여」「검은 공」 등이 모두 이와 같은 상상력의 탄
력성에 의해 씌어지고 있음을 눈여겨보라. 그는 탄력성
을 지닌 공에 연상 작용은 물론 일상적인 삶의 모습까지
도 함축시키고자 한다. 단적으로 말하자면, 그것은 살아
있음의 표현이다. 탄력이 없는 것은 죽어 있는 것이며,
죽어 있는 것은 움직이지 않는다. 그가 말하던 아름다운
사냥의 상상적 구도 속에 어느 만큼 현실적인 삶이 스며
들기 시작하면서 탄력성이 실험되며 여기서 그의 시는
하나의 굴곡을 겪는다. 현실이 아름다운 상상의 세계에
스며올 때 그의 시각은 흐려진다. 아름다움만으로 일상
적 삶의 산문성에 대처할 수 없기 때문이다.

　　　몽롱
　　　몽롱 몽롱

　　　몽롱한 의식 구조를 가진 아이가
　　　몽롱한 섬유 조직을 가진 안개 속을 헤쳐나간다
　　　몽롱한 안개 조직을 가진 꿈들이

　　　몽롱한 장래 희망을 가진 세월 속을 걸어간다
　　　몽롱한 부속 기관을 가진 자동차
　　　몽롱한 발성 기관을 가진 새

　　　몽롱한 비행 공간을 가진 새들이 머뭇거린다
　　　몽롱한 낙하 공간을 가진 빗방울들이 주춤거린다
　　　　　　　　　　　　　　　　　——「몽롱한 청춘」

　모든 것은 해체되었다. 분명한 것은 아무것도 존재하지 않는다. 꿈과 세월과 자동차 그리고 새들까지 몽롱해진다. 자아의 내면과 외계의 사물들이 모두 모호하게 해체된다. 이는 일차적으로 대상을 보는 자의 눈이 흐려져 있기 때문일 것이다. 그는 새들이나 빗방울처럼 머뭇거리고 주춤거린다. 지역 감정이나 순환 논리는 물론 시대나 역사까지도 몽롱하다. 이 시의 후반에 이르러보면 지성과 감성은 물론 유선 인자까지도 몽롱하다고 화자는 말하고 있다. 보이지 않는 시계, 그것은 가치가 분해된 세계를 드러내는 것으로서 그는 여기서 어떤 방향으로든 나아갈 수 없다. 이때 그 몽롱함 속에는 은연중에 현

실에 대한 풍자까지도 내포된다. 그럼에도 그가 그 의식
의 안개를 어떻게 헤쳐나갈 것인가 하는 것은 매우 중대
한 문제다. 그는 머뭇거리며 주춤거리다 다음과 같이 사
람들 사이에 끼여든다.

>
> 사람들 사이에
> 사이가 있었다 그
> 사이에 있고 싶었다
>
> 양편에서 돌이 날아왔다　　　　　　　　　　——「사이」

　몽롱한 안개 속을 헤매던 그가 발견한 사람들의 사이
는 분명한 방향성을 지닌 것이 아니기 때문에 양편에서
타매된다. 그가 틈입할 중간 지대는 존재하지 않기 때문
이다. 이 시의 문면에서 제거되어 있지만 여기서 우리가
유의할 것은 극단적인 이분법이나 폐쇄적인 흑백 논리
의 그 어느 쪽에도 그가 쉽게 가세하지 않고 있음을 보
여준다는 점이다. 어떤 면에서는 이를 강박적 현실에 대
한 화자 나름의 탄력적 반응이라고도 할 수 있을 터인
데, 이 탄력성이 해체되면서 몽롱한 안개 속을 헤쳐나가
고 있는 그의 노력은 그리하여 이 지점에 이르면 전진도
후퇴도 할 수 없는 진퇴양난의 난관에 봉착하게 된다.
　「하현달」과 같이 아름답고 완결된 세계로부터 「사이」
에서처럼 양편에서 돌이 날아오는 현실로 개진되어온
그의 시는 보다 큰 진폭으로 변모해가지 않을 수 없게
된 것이다. 현실의 파고가 높아지고, 그는 점점 삶의 일

상성에 젖어들게 된다. 이 시집 제Ⅲ부는 삶에 대한 보다 구체적인 내용들을 담은 시들로 엮어져 있으며, 한편으로는 시대나 역사의 문제에 근접해간 시적 편린들도 찾아볼 수 있다. 흥미로운 점은 현실 비판이나 풍자적인 그의 시들에서 두드러지게 미스테리적인 수법이 사용되고 있다는 것이다. 제Ⅲ부에 실린 「미궁」이나 「이웃 황태자 부처가 우리 마을에」 등의 시적 구성은 제Ⅰ부의 「데탕트 '80」「새벽 강도」「공주」「탐정」 등과도 연결되는 그의 시적 특색을 드러내주는 방법의 하나이기는 하지만 특히 허구성을 강조하는 「미궁」과 같은 시는 눈여겨보지 않을 수 없다.

그 일이 일어났다
그는 동네의 거물이었다
그는 육교 계단을 오르다 쓰러졌다
그 일은 미궁에 빠지고 있었다

그를 호위하던 후배들은
근처 소리사의 갑작스런 음악 소리에
고개를 돌린 순간이었다고 했다 소리사 주인은
정체 불명의 한 손님이 볼륨을 좀더 높이라고 했다는 것이다
볼륨을 다시 줄일 때 손님과 더불어
육교 아래 쓰러져 있는 그를 볼 수 있었다고 했다
　　　　　　　　　　　　　　　　——「미궁」

　동네의 거물이 육교의 계단을 오르다 갑자기 쓰러져

죽는다. 목격자들이 있었지만 그 이유를 알 수 없다. 죽음에 대한 추측만 무성할 뿐이다. 그의 죽음의 원인이 밝혀지지 않는 것처럼 뒷마을의 거물도 그와 같은 사고를 당한다. 변고가 일어나고, 그것이 미궁에 빠진다. 이 수수께끼 같은 일에 그는 어떤 판단도 가하지 않는다. 알 수 없는 일들이 벌어지고 있다는 사실을 추리소설적 방식으로 전개한다. 그것은 서정시의 정도를 일탈하는 방식이지만, 그것대로 흥미로운 시도이다. 더욱 우리의 관심을 잡아당기는 것은 「미궁」과 같은 시가 다음에 인용할 「밥의 나날」과 같은 맥락에 속해 있다는 점이다.

세상에 내 부러운 일이 무엇인가 적당히
지식을 쏟고 양심을 지키면 위대한 책은 펼쳐지는데
봉급은 절로 나오고 내 가문
주렁주렁 번창할 텐데 이제 와서
새삼 나는 왜

밥에 대한 생각을 멈추지 못하는가
이 우주에 엄연히 음이 있고 양이 있으니
빛나는 태양이며 광명한 나날
버림받은 혼혈아며 천직을 얻은
여공들이며 하늘 푸르거늘 어찌   ——「밥의 나날」

이 시에서 화자는 배부르고 등 따시어 고깃국에 체할 만큼 안락한 나날을 보낸다. 앞으로도 모든 일이 저절로 잘 풀려나갈 것이다. 고깃국에 체하여 온종일 하품과 구역질에 시달리며 그는 밥에 대하여 생각하고 만물의 근원에 대해서도 생각한다. 태양은 빛나고, 하늘은 푸른데 이런 나날의 삶에서 만물의 근원을 뒤집어 고찰한다. 이런 고찰의 근저에는 미궁에 빠져 있는 현실적 삶에서 안락함에 침잠하지 않으려는 자기 반성이 도사리고 있을 것이다. 몽롱한 미궁에 빠진 현실의 수수께끼를 헤쳐나가고자 하는 최소한의 의식일 것이다. 그것은 적당한 지식이나 적당한 양심으로 호도될 수 없다. 밥의 나날에 대한 반성이나 회의가 어찌 지적 허영이겠는가. 나날의 삶에 대한 반성이 없는 자는 나날의 삶을 살아나갈 수 없다. 설령 살아갈 수 있다고 하더라도 그것은 타성적인 삶일 것이다. 박덕규의 시는 이 부분에서 갈등을 겪는다. 「잘 먹고 잘살기 위하여」와 같은 시가 씌어질 수 있는 것도 이런 이유 때문일 것이다. 따라서 그가 「그리운 풍경」에서 "저렇듯 섣불리 풍경이 맑아져서는 안 된다"고 말하는 것은 나날의 삶을 응시하는 밝은 눈이 있다는 증거이다. 몽롱한 미궁에 빠진 현실과 나날의 삶을 살며 이를 헤쳐가고자 하는 노력은 「깊은 산 아버지」에 이르면 새로운 내면성을 획득한다.

아버지는 지금도 깊은 산
깊은 산에 살고 계실까
깊은 산 깊은 산엔 여름이 와도
눈이 녹지 않는다는데 깊은 산
골골마다 지나온 바람결에
아버지 기침 소리 실리어 있나

〔……〕

산불을 질러도 산사태가 나도록
아버지는 깊은 산 그 어디실까
아버지 깊은 산은 변함도 없이
깊은 나무 깊은 말씀 심고 계실까
세상이 바뀌고 솔숲이 우거져도
아버지 깊은 세월 꽃필 수 있을까
아버지 깊은 산 바다 되지 않을까 ——「깊은 산 아버지」

현실에 부재하는 아버지의 침묵이 이 시의 화자가 던지는 의문들에 깊은 상징적 내면성을 부여하고 있다. 혹자는 잊고 혹자는 비겁자라는 아버지의 생사는 알 수 없다. 그러나, 그 아버지는 깊은 산에서 변함없이 깊은 나무, 깊은 말씀을 심고 있을 것이다. 화자는 생각한다. 깊은 나무와 깊은 말씀은 불멸을 상징한다. 세상이 바뀌고 솔숲이 우거져도 변함없는 나무이며 말씀이다. 그것은 바람결에 실려온 기침 소리와 같이 골골마다 지나온 깊은 산의 말씀인 것이다. 박덕규가 왜 이 지점까지 나아갔는가를 추정하는 것은 어려운 일이 아니다. 몽매한 현실을 배회하는 나날의 삶을 벗어나고자 했기 때문일 것이다. 모함으로 인해 유배지로 끌려다니던 아버지가 깊은 산에 숨어버렸다고 화자는 말하고 있다. 이처럼 현실을 버리고 깊은 산 아버지를 찾고 있는 화자의 목소리에서 우리는 이 시인의 깊은 고뇌를 엿볼 수 있다. 그

고뇌는 이 시집에서 우리가 읽을 수 있는 하나의 종착점
이다. 그것은 깊고 그윽한 형이상의 세계다. 그러나, 그
가 이 그윽함을 조금이라도 벗어난다면 다음에 보는 「수
색에 지다·전편」와 같은 격정적인 자기 고백에 휩쓸리
지 않을 수 없을 것이다. 여기서 우리는 새삼 깊고 넓게
소용돌이치며 흘러가는 의식의 격류를 발견할 수 있을
것이며, 그것은 그대로 우리 시대의 정신적 상처를 표출
한 것이라 하겠다.

　　　말만 되뇌어도 나는 왜 남한의 최북단에 온 듯
　　　가슴이 터질 것만 같을까. 현아, 너는 잠들어 있었고
　　　나는 밤새 미적지근해진 물로 숙취를 달래며 비 듣는 소
리를
　　　들었다. 시계와 안경의 무사함보다 고형 내외에게의 미안
함보다
　　　간밤의 파격과 실수보다 이어지지 않는 기억의 조각조각
보다
　　　수색, 알 수 없는 그 막막한 생면부지의 이름의 비 듣는
　　　눅눅한 수색, 알 수 없는 그 끈적끈적한 방바닥
　　　헤어나기 힘들었던 수색, 그 지울 수 없는 상처가
　　　그날 온종일 숙취보다 더 괴롭게 나를 사로잡았다.
　　　　　　　　　　　　　　──「수색에 지다·전편」

　이 시인의 지울 수 없는 상처는 그가 남한의 최북단
이라고 느끼는 수색에 놓여 있다. 그는 수색에서 물로
숙취를 달래며 막막한 빗소리를 듣고 있다. 그 눅눅하고

끈적거리는 의식의 세계는 이 시인을 괴롭히는 악몽과 같은 것이다. 아마도 그것은 피할 수 없는 것인지도 모른다. 가슴이 터질 것 같은 이 악몽의 체험은 결코 지울 수 없는 상처일 것이다. 직설적이고 투박하게 토로되어 있지만 그의 이 체험은 절박하고 진실하다. 숙취에서 깨어나면서 열어놓은 창밖에 내리는 빗소리를 이렇게 고통스럽게 듣는다는 것은 쉬운 일이 아니다.

③ 진실은 일방적인 것이 아니다. 그 어느 하나만을 강요하기 위해 존재하는 것도 아니다. 진실이기 때문에 오직 하나일 수밖에 없다는 관점은 때때로 극단적인 자기 주장에 이르기 쉽다. 이런 경각심을 전제한다고 해서 이것도 저것도 아닌 애매모호한 것을 진실이라 말할 수는 없다. 우리들 삶의 다양성과 그 다양성을 통합하는 힘에서 우리는 진실의 중심점을 설정해보자. 내적인 것과 객관적인 것이 합류할 수 있는 지점에 진실의 동력이 있을 것이다.

박덕규의 시에 있어서 진실에 이르는 길을 논할 때 우리는 이런 문제를 염두에 두어왔다. 아름다움의 세계에서 나날의 삶으로 다시 동시대의 역사 인식에 이르는 그의 시적 상상력의 물살은 80년대의 문학적 지평을 열고자 하는 시인이 겪어야 하는 여러 우여곡절 가운데 하나일 것이다. 우리가 시에 대해 논한다는 가정을 분명히 전제한다면, 시에 있어서 진실에 이르는 길이란 아름다움만으로 또는 사회 의식만으로 궁극적인 목표에 도달할 수 없다. 이 양자가 소용돌이치며 합류하여 나아가고자 하는 방향성이 하나의 지향점을 공유할 때 그것은 비로소 역동적인 힘을 지닐 것이다. 문학적 공감은 강요될 성질의 것이 아니다. 지향점을 통합하는 과정에는 갈등과 상충이 있을 것이며, 머뭇거림과 주춤거림도 있을 것이다. 몽롱한 의식의 세계를 안개를 밀치듯 헤쳐나가야 할 때도 있을 것이다. 이런 점에서 박덕규의 시는 어느 누구보다 진실하다. 헛된 수사나 과장된 목소리로 자신의 주장을 강변하지 않는다. 처음부터 일사불란하게 하나의 방향으로 줄기차게 나아간다는 것은 얼마나 단순하고 우직한 일인가. 방황과 회의가 없는 전진은 위태로운 일이다. 강철 같은 신념만이 우상처럼 존중되어야 할 시대가 있다면 그것은 불행한 시대일 것이다. 첨예한 대립이 해소되지 않는 경직된 시대일 것이며, 그러한 삶이 강요될 것이다. 폐쇄되고 응고된 삶의 세계를 돌아보라.

박덕규의 시는 무엇보다 탄력적인 아름다움을 지니고 있다. 때때로 산문적 진술로 인해 시적 긴장이 약화되거나 의식의 치열성이 일상적 자기 반성으로 인해 이완되는 경우가 있기는 하지만, 우리는 대부분 그의 시들이 지닌 탄력적인 아름다움을 결코 과소평가할 수 없다. 그의 시에는 경직된 신념의 시대를 밑받침해줄 유연성이 내장되어 있으며, 나날의 삶을 헤쳐나아가 진실의 대해에 이르고자 하는 자의 이성적인 열망이 담겨 있다고 할 것이다.

앞으로 그의 시는 더 큰 격랑을 경험할 것이며, 새로 다가오는 무수한 난관을 돌파해야 할 것이다. 이 시적 단련이야말로 이제까지 우리가 상정해온 것처럼 진실의 대해에 이르는 도정에서 시인으로서 그가 피할 수 없는 일일 것이며, 인간적 성숙을 통해 깊고 넓은 시적 형이상학도 갖추어질 것이다. 깊은 산에 잠적한 아버지를 찾아나선 그의 험난한 문학적 도정에 관심과 기대를 갖고 80년대 후반의 문학적 가능성의 일단을 조망해보려고 한다는 것은 결코 단순한 애정의 발로만은 아닐 것이다. 안개처럼 몽롱하게 삶의 세계를 뒤덮을 듯이 강매되는 헐가의 진실을 넘어서는 곳에서 그의 문학적 지평이 새롭게 개진되어나갈 것이라 믿는다. ▨